27848

QUESTION SOCIALE

DE L'ESPRIT

DU

MOUVEMENT COOPÉRATIF

ET DE SES TENDANCES

PAR

ALBERT BAUME

Étudiant en droit.

Ne jamais affaiblir ni la dignité, ni la
responsabilité de ceux qu'on oblige, c'est
la première règle de la charité.
Éclairez le peuple si vous craignez.

ED. LABOULAYE.

PARIS

Mme Ve GAUT, LIBRAIRE, | Au journal LA LIBRE CONSCIENCE,
Galerie de l'Odéon. | 2, rue Royer-Collard.

Et chez tous les libraires.

1866

A

LA MÉMOIRE DE MON PÈRE

M. BAUME (DU VAR)

AVOCAT

REPRÉSENTANT DU PEUPLE A LA CONSTITUANTE DE 1848

MOUVEMENT COOPÉRATIF

SON ESPRIT, SES TENDANCES ET SON PROGRAMME.

~~~~~~~~~

LA QUESTION DES TRAVAILLEURS

DEVANT L'OPINION PUBLIQUE

———————————

Aujourd'hui une louable et remarquable modification s'opère non-seulement dans les esprits et les idées, mais même dans les faits et la pratique ; nous voulons parler du mouvement coopératif. Mais les tendances de ce grand changement et l'esprit avec lequel il se révèle sont si divers, qu'il convient de les caractériser pour que ceux qui sont directement intéressés à son triomphe ne les ignorent pas et ne se méprennent pas.

Dans ces dernières années, il est vrai, l'attention des esprits n'était pas tournée de ce côté ; si par aventure quelques hommes politiques se hasardaient sur ce terrain, ce n'était que comme passe-temps ; mais un de ceux-là était-il même poussé par une profonde conviction à amener un débat public sur cette question sociale, que bientôt le vide se faisait autour de lui, et c'était dans le désert qu'il prêchait. Enfin, *nos hommes du jour*, comme ceux que le sort avait favorisés de la culture des lettres et de la connaissance des questions de morale et de politique, évitaient, soit dans leurs écrits, soit dans leurs déclarations publiques, de toucher à cet important problème de l'humanité, de la situation réservée dans la société aux individus de la classe ouvrière. — Mais cette situation n'en était pas pour cela régularisée, et l'état dans lequel certains individus passent leur vie n'était pas le meilleur qui pût être et qu'ils pussent désirer. Pour qu'on en ait agi ainsi cependant, il ne pouvait y avoir oubli; — y eut-il calcul? — on ne pourrait l'affirmer. En effet, il ne serait pas convenable d'invoquer, pour leur défense, l'oubli dans lequel ces hommes politiques seraient tombés touchant cette question. L'astre de la liberté avait frappé au visage avec une violence extrême, même les plus aveugles; et, s'il avait passé, il n'en avait pas moins brillé pour tous. En l'espace d'un demi-siècle au plus, deux révolutions sociales avaient assez rudement remué les esprits et agité toutes les classes de la société, pour que ces questions intéressassent l'humanité tout entière et fussent constamment à l'ordre du jour, puisqu'elles n'étaient pas résolues, puisque de leur solution dépendait le non-retour de ces bouleversements gigantesques, causés par le pénible enfantement d'une liberté enchaînée et si ardemment désirée par tous ceux qui avaient souffert d'un état injuste, par tous ces déshérités de l'humanité.

Si les auteurs de ce grand enfantement de la liberté, qui avaient jeté les premiers jalons de cette route nouvelle et égale pour tous les hommes, devenus frères, et si leurs descendants, n'avaient pu voir leurs efforts couronnés de succès, puisque le chemin était connu, c'était une obligation et un devoir pour les hommes de ces derniers temps de l'aplanir et d'arriver au but. Or il n'en a pas été ainsi; néanmoins nous ne devons pas nous faire leurs complices : c'est pourquoi, soutenus par la conscience d'un devoir sacré à accomplir, nous emploierons toute notre énergie et nous ferons de continuels efforts pour le rétablissement de cette égalité sociale si désirée et due à tous égards.

Déjà, du reste, un revirement paraît vouloir s'opérer dans les esprits : l'inquiétude est générale. On cherche à pallier les fautes des devanciers, on voudrait tourner le danger, éviter le péril où une plus longue résistance aux aspirations de toute une classe de la société, pourrait conduire l'humanité. Il faut donc distinguer, et ne pas se laisser égarer par un enthousiasme trop prompt et irréfléchi.

Maintenant il n'est plus permis de se taire sur cette question sociale ; le silence serait ce qu'il y aurait de plus dangereux : les habiles mêmes le savent. Aussi ces derniers ont-ils composé leur programme très-séduisant, mais plein d'écueils pour ceux qui se laisseraient entraîner, trompeur en un mot, et devant faire manquer, comme il est entendu, le but auquel nous aspirons d'atteindre. Nous crions donc bien haut aux faciles et à ceux qu'une éducation incomplète pourrait faire tomber dans le piége : « Réservez-vous, et ne vous livrez pas pieds et poings » liés ; ceux qui vous proposent trop vous sont aussi nuisibles » que ceux qui ne vous proposaient rien ; c'est vous-mêmes qui » devez établir vos projets et qui devez les accomplir ; nous, » nous nous réservons uniquement de vous aider pour les mener » à bonne fin. — On veut vous assister, on veut vous réserver de » l'argent, travailleurs et ouvriers de tous grades, pour l'heure » où vous serez devenus incapables d'en gagner ! — est-ce donc » cela que vous devez désirer ? Est-ce ainsi que vous vous af- » franchirez de l'étreinte sociale qui vous étouffe et vous laisse » serviteurs et obligeants, alors que vous pourriez, sans nuire ni » dominer, être serviteurs et maîtres, obligeant et obligés ? — » Le soldat qui marche au combat se précautionne-t-il contre » les coups de l'ennemi ? La soif de la victoire et le désir de la » vengeance ne sont-ils pas les deux plus nobles leviers de son » esprit ? Mais vous, quel est votre besoin le plus pressant ? » Qu'est-ce que, dans vos jeunes et vigoureuses années, pleins

» d'ardeur et pleins d'espérances, vous devez chercher et désirer
» le plus ? — Vos pensées n'ont-elles donc pas d'autre aliment
» plus vivifiant, pour que vous soyez amenés uniquement à vous
» précautionner contre le cas d'incapacité de travail par suite de
» blessures ou autres ? — Et vous, nobles travailleurs, vieillis
» par les fatigues autant que par les ans, votre esprit ne con-
» çoit-il pas une autre forme de secours pour vous ou vos frères
» que celle de l'assistance? » — Quant à nous, qui sommes convaincus que la grande loi de l'humanité n'a pu rester muette sur
le sort de ceux qui méritent le plus sa sollicitude, nos efforts ten-
dront sans cesse à indiquer quel est le vrai moyen pour arriver
à la solution de ce problème social : l'affranchissement et de
l'assistance étrangère et de la misère ; deux maux qui ne peuvent que retarder l'établissement de cet état d'égalité effective
dont tous les hommes devraient jouir en raison de leurs facultés
et de leurs capacités, de leurs travaux et labeurs quotidiens.

Mais précisons davantage, s'il se peut, les faits et les raisons
qui nous ont engagé à aborder cette question de la coopération ;
question importante, nous l'avons déjà dit, qui mérite par conséquent qu'on s'y attache et qu'on l'étudie, non sans une grande
et scrupuleuse attention, même avec quelque défiance. Car, si
l'heure est venue, pour ceux que cette question sociale intéresse,
de formuler leur programme, cette heure est aussi celle de la
lutte. Leurs adversaires sont prêts ; déjà ils ont amoncelé plans
et projets pour égarer les esprits et les détourner du but qu'il serait si désirable d'atteindre. Aussi sera-t-il nécessaire de com-
battre certaines théories se rattachant à ce grand problème social,
théories révélées avec éclat, par ces habiles, à la masse du peuple,
et qui, si elles étaien* adoptées et appliquées, feraient inévitablement rétrograder la question, bien loin de la faire avancer vers
sa solution. — Et voilà précisément le but de ces quelques
pages.

Les sociétés coopératives, dont on s'occupe si activement depuis quelque temps, émanées en principe et théoriquement du socialisme, ont d'ardents promoteurs qui ne cessent pas pour cela d'être opposés, dans la pratique, à l'établissement du socialisme, tel que l'ont mis au jour ses plus inconscients auteurs. Ces pionniers de l'avenir voudraient, à l'aide des associations, toutes individuelles, et non pas dirigées ou administrées par un pouvoir public, ni patronnées par les puissants du jour, réorganiser économiquement et civilement cette classe des travailleurs et des ouvriers, en donnant satisfaction à tous les intérêts et à tous les droits de la société, de telle sorte que, réorganisés ainsi sur des bases plus équitables, ses membres s'aideraient et coopéreraient au bien-être général sans qu'il y eût toujours des privilégiés ou des déshérités.

Or, pour arriver à une telle solution, il faudrait trouver un moyen qui changeât la direction du travail. Aujourd'hui, cette direction est totalement entre les mains d'un petit nombre d'individus qui payent la main-d'œuvre ce qu'ils veulent et réalisent des bénéfices excessifs en revendant à un prix bien supérieur à celui de revient : en un mot, tout est monopolisé, tout est centralisé. — Or, le remède à un tel état serait de donner aux travailleurs les mêmes forces matérielles et morales, dont jouissent les patrons, pour qu'ils aient les mêmes pouvoirs ; mais, disons-le tout de suite, nous sommes convaincus que c'est sur l'initiative individuelle seule des travailleurs et des ouvriers qu'il est convenable et équitable de compter, pour amener une telle réforme. Il est donc évident que, si les travailleurs et les ouvriers veulent jouir de cette égalité sociale, qui devrait être la juste récompense d'efforts semblables, il faut s'adresser à leurs intelligences qui doivent concevoir et comprendre cet esprit de fraternité nécessaire et indispensable. Ils ne pourront véritablement réaliser cet état meilleur s'ils ne s'aident pas de cette

union fraternelle, qui fera leur force, présage elle-même du succès, et dénommée de nos jours la coopération mutuelle. Mais cette question d'association entre plusieurs individus, tendant au même but, et, pour l'atteindre plus aisément, réunissant leurs épargnes ou leurs efforts quels qu'ils soient, a besoin d'être comprise dans son application, et l'instruction est indispensable. C'est, de cette sorte, l'éducation morale du peuple surtout qu'il faut avancer; car alors seulement il comprendra que le vrai bien-être n'est pas là où il trouve des gens lui payant sa journée de travail, là où il n'a point souci de ce qu'il a fait ni de ce qu'il aurait pu faire; que l'état au contraire le plus satisfaisant, vers lequel tous ses efforts doivent tendre, c'est uniquement dans le sentiment de sa responsabilité individuelle qu'il doit le trouver, responsabilité s'exerçant par le travail libre et librement consenti.

Et sans doute, il faut désormais que l'ouvrier sache qu'il n'acquerra un avenir meilleur et une tranquillité durable, avantages auxquels il a droit comme tous les autres hommes, qu'en les demandant à sa liberté, à sa dignité, à son initiative, et non pas à la protection de l'État ou à l'assistance de la société. S'il a le sentiment de sa propre force, s'il fait attention que tous ceux qui, comme lui, demandent aux travaux manuels le gagne-pain quotidien doivent avoir les mêmes aspirations, puisqu'ils ont les mêmes besoins, puisqu'ils supportent les mêmes privations, il lui paraîtra évident que c'est par la solidarité collective seule, par un pacte libre formé entre tous les travailleurs, ses semblables, par la coopération enfin, qu'il pourra améliorer sa condition de salarié et de prolétaire qui pèse injustement sur lui. — Voilà les seuls moyens que l'ouvrier doit mettre en œuvre, voilà les seuls auxiliaires qu'il peut accepter, le seul appui qui ne l'humilie pas. Arrière donc toute subvention fournie par un pouvoir public ou étranger, arrière toute protection déguisée!

Et cette aide que la coopération peut procurer à l'ouvrier qui la réclame et qui en est digne; il est facile d'en donner un aperçu en quelques mots : deux hommes, par exemple, ou un plus grand nombre, réunissant leurs épargnes, et l'un d'eux employant le capital entier, avec l'acquiescement de l'autre, quand l'occasion d'un travail rémunérateur arriverait, en ne faisant toutefois profiter son compagnon que de l'intérêt accordé par les statuts, mais n'employant ce capital qu'à la condition d'en faire un bon usage et d'en assurer la rentrée dans la caisse commune dès que le travail terminé serait payé, voilà quelle serait la véritable caisse du travail; voilà de la coopération bien entendue, et elle n'aurait pas besoin, celle-là, ni de subvention, ni de direction d'un pouvoir public, et elle ne laisserait point le capital dans les caisses, ou ne permettrait pas qu'il fût employé à de grandes spéculations sous prétexte d'un rapport énorme, ce qui est toujours de rigueur de nos jours, ou même fût prêté à de grandes compagnies, sachant payer, il est vrai, de gros intérêts, quand on n'est pas forcé, en demandant un nouveau crédit et un délai plus éloigné, d'avouer qu'il a été employé à couvrir les déficits et les pertes éprouvées dans une mauvaise année, les affaires, les transactions, les spéculations, les malversations (disons le mot) n'ayant pas été favorables à la société; ou bien encore capital qui est employé à rémunérer et administrateurs et serviteurs officieux, le plus souvent sans le contrôle des véritables intéressés, mais en tout cas ne profitant pas complétement aux intéressés et aux ayants droit.

Sans doute, pour organiser de telles associations mutuelles, qui n'aient point les vices constitutifs de ces sociétés dont nous parlions en dernier lieu, il faut plus que des hommes, plus que l'épargne du travailleur ; il faut surtout des groupes d'individus possédant ces vertus sociales, l'amour de la concorde, de la bienfaisance, de la justice, et ayant une notion exacte des solidités principes renfermés dans ces trois grands mots, devenus immortels, et qui sont les nôtres : liberté, égalité, fraternité! — Mais c'est encore et toujours à la coopération mutuelle, à l'association, qu'il faut demander de tels biens. C'est son aide que nous réclamons pour organiser le crédit mutuel, la coopération de l'épargne, qui seuls anéantiront le prolétariat et le salariat; c'est encore elle qui nous donnera son appui pour procurer à tous, indistinctement, les bienfaits de l'instruction, établie dès lors sur le pied d'égalité pour tous, et cette mâle et civique éducation, qui, en attaquant l'ignorance et réduisant à néant la misère, causes principales de tous nos maux, apprendra aux individus de toutes classes à s'estimer entre eux, à s'entr'aider, à ne vouloir que la justice et la liberté.

Cette importante question sociale, si multiple dans son application, embrassant sous tous ses aspects la situation du travailleur dans la société, comme bien-être et santé, comme instruction et moralisation, tous avantages qui donneront à l'ouvrier, désormais responsable et affranchi du salariat, le bénéfice direct de son travail, mériterait d'être étudiée dans son ensemble et dans ses plus petits détails, en passant en revue tous les divers systèmes qui se sont produits jusqu'à nos jours, et qui, tous, devaient donner la solution de ce problème social. Mais nous avons uniquement voulu, pour l'heure, dégager et remettre en lumière les points principaux de cette question, qui occupe de nouveau les esprits.

Or, quel système semble-t-on préférer aujourd'hui, du moins dans un certain groupe d'individus, pour remédier à l'état de choses irrégulier et injuste dont souffre la classe ouvrière ? — Hier, des hommes honnêtes, et convaincus des avantages de leurs propositions, posaient les bases d'une réforme tellement radicale qu'elle devait inévitablement échouer devant l'opposition que lui firent les esprits même les plus dévoués à la cause du peuple, — Eh bien, pour une raison qu'on ne saurait comprendre, et qu'il serait encore plus difficile d'avouer, certains individus voudraient aujourd'hui tenter d'expérimenter et de rétablir, sur des bases bien différentes et par un système tout opposé, ce qu'il y avait de plus nuisible dans cette réforme. En effet, l'assistance de l'État leur paraît nécessaire, indispensable, pour soulager la classe ouvrière; il faut, disent-ils, que le pouvoir veille aux intérêts des travailleurs et des ouvriers, et étende sur eux sa main protectrice; qu'il ne leur refuse ni subventions ni secours, en cas de besoin naturellement. Les travailleurs ont beau protester et faire entendre publiquement leurs déclarations et leurs demandes; le dévouement qu'ils mettent au service du peuple, et l'esprit de charité et de fraternité qui anime ces réformateurs, improvisés la veille, rien ne saurait leur permettre d'écouter de telles réclamations. Ils veulent du bien à la classe ouvrière : leur dévouement sera à la hauteur de la tâche qu'ils accompliront, prétendent-ils, malgré elle.

Au contraire, que remarquons-nous dans les écrits de certains publicistes vraiment dévoués à la cause du peuple, mais plus encore à la défense de la liberté? — Que c'est par la liberté seule qu'un tel progrès social pourra s'accomplir; que, loin de rechercher une protection quelconque, qui serait un nouveau lien, une nouvelle chaîne, puisqu'il y aurait une obligation, les travailleurs ne doivent compter que sur eux-mêmes pour améliorer leur sort; qu'enfin, s'ils veulent l'affranchissement du salariat et du prolétariat, il ne faut pas qu'ils acceptent l'enchaînement de leur volonté et de leur conscience, puisque le salariat n'existera plus, puisque le prolétariat sera anéanti alors seulement que les esprits seront libres, libres de se déterminer selon leur volonté, uniquement dirigée alors par l'expérience et le raisonnement.

Il nous suffit donc, pour le moment, de lutter contre ce

système protecteur, qui, en divisant les esprits, pourrait faire avorter des efforts si noblement entrepris. Là est toute la question, et nous la résumons brièvement pour bien définir le but du débat à entreprendre. — Depuis quelque temps, de vigoureux penseurs veulent tâcher de transformer l'état d'infériorité dans lequel l'ouvrier passe sa vie, en l'amenant à jouir des mêmes avantages dont jouit le reste de la société; cependant, frappé jusqu'à nos jours d'une déchéance morale par tous les pouvoirs qui se sont succédé depuis 1789, il semblait qu'il ne pourrait jamais améliorer son sort. Le suffrage universel avait bien eu pour résultat de l'amener à avoir conscience un jour de sa force et de ce qu'il pourrait devenir, mais il fallait que l'instruction fût plus largement distribuée. Déjà ce progrès social a porté ses fruits, puisque quelques-uns de ces penseurs, témoins des tentatives avortées, sortis en partie des rangs inférieurs, ou seulement animés d'un esprit de scrupuleuse justice, reconnaissant les immenses avantages que la classe ouvrière retirerait de l'instruction et avec l'aide mutuelle de l'épargne, ont voulu entrer en lice et apporter sur le terrain de la discussion les lumières et le raisonnement nécessaires à l'affranchissement de cette partie de la société, qui plie sous le poids des fatigues et du travail, sans que ses maux soient compensés par un juste bien-être.

Aussitôt les publicistes de tous rangs, de toutes castes, de s'émouvoir d'un réveil si inattendu et si pacifique; à un tel point, que ceux-là mêmes qui n'avaient rien fait pour tenter cet affranchissement, craignant de se voir dépassés, élucubrent chaque jour leurs idées étroites publiquement et projettent leurs plans où ils se gardent la meilleure part.

Cependant une grande personnalité, sans faire cause commune avec ces derniers, s'intéressant, comme c'était son droit et comme c'est son devoir, aux besoins du peuple qu'il gouverne, l'empereur Napoléon III, a voulu montrer à ce peuple qu'il ne restait pas insensible à son état d'infériorité, à ses souffrances physiques. Le chef de l'État, mû par un généreux sentiment sans doute, adresse donc, le 28 juillet 1866, une lettre datée de Saint-Cloud, à son ministre d'État, dans laquelle il l'invite à rédiger, sur certaines bases qu'il lui indique, un projet pour fonder une *Caisse des Invalides du travail,* caisse d'assurance subventionnée, acceptant l'épargne de l'ouvrier et, en échange, lui promettant secours et assistance dans le cas d'incapacité de travail, survenue à la suite de blessures reçues dans l'exercice de ses travaux, et à la veuve de l'ouvrier, le même aide et la même assistance en cas de besoin. — Nous aurions mauvaise grâce de ne pas applaudir à l'idée contenue dans la lettre impériale; elle émanait d'un mouvement de charité et de bienveillante prévoyance; mais là doivent s'arrêter nos éloges. Cette idée, calquée en quelque sorte sur les statuts de certaines compagnies d'assurances contre les accidents, et par conséquent n'étant pas nouvelle, a manqué son but qui eût dû être plus vaste en prenant le titre, par exemple, de *Caisse générale du travail;* mais si l'empereur Napoléon III a laissé tacitement ce point à résoudre à son ministre d'État, alors nous dirons que l'idée n'est pas juste, parce qu'elle ne satisfait pas véritablement les besoins et les aspirations de la classe ouvrière. — Cette institution, si elle était fondée, aurait pour effet, ni plus ni moins, d'arrêter les efforts tentés pour rétablir l'égalité dans toutes les classes de la société. Désormais les travailleurs seraient condamnés à un état d'infériorité sociale dont ils ne pourraient jamais sortir, parce que l'on détiendrait, sous prétexte de la conserver en cas d'incapacité de travail, l'épargne qu'ils auraient péniblement amassée.

Or, nous le demandons de bonne foi, est-ce là ce que tout travailleur qui désire l'affranchissement du servage, tel qu'il existe de nos jours sous le nom de salariat et de prolétariat, est-ce là ce que tout citoyen même doit désirer? — Avant tout, le vrai travailleur, l'ouvrier intelligent, cherche à augmenter son travail, à le faire produire pour améliorer sa position, voilà le principal but de ses soucis ; si au contraire, craignant d'être une des victimes du travail, il était amorcé par les promesses d'assistance de cette caisse, tout ce qu'il aurait pu, dans le cours de ses travaux, tenter de faire par son initiative privée lui deviendrait par ce fait seul impossible. Ses épargnes seraient amassées et en lieu sûr, c'est vrai, mais pour un but unique, le manque de misère à la suite de blessures entraînant incapacité de travail, voilà tout.

Il est donc juste de dire que, du moment où l'ouvrier aurait engagé ses deniers dans cette sorte de caisse d'assurance, il s'enrôlerait pour jamais dans le bataillon des serviteurs, et ne pourrait plus tenter de s'affranchir du joug social que le sort lui a imposé en naissant. Il en serait de cette obligation, à laquelle il se serait lié, comme il en arrive à tout individu qui, ayant engagé la plus grande partie de ses capitaux dans une entreprise, s'apercevrait, si cette entreprise demandait les efforts financiers et intellectuels de son auteur pour ne pas s'effondrer, qu'il ne peut tourner son intelligence et ses occupations d'un autre côté, à moins qu'il ne veuille tout perdre dans une banqueroute inévitable ; — évidemment que la situation du travailleur serait matériellement la même ; car, pour tous les deux, il y aurait cataclysme ou servage. En effet, il faudrait désormais que l'ouvrier s'avouât vaincu dans la lutte intellectuelle qu'il aurait entreprise pour se relever, ou qu'il brisât sa chaîne et sortît de cet état indigne par la violence et le trouble. — Or, nous avons appris ce qu'il en coûta en juin 1848 d'avoir mal compris les intérêts de la classe ouvrière ; et ensuite nous avons plus de confiance dans l'intelligence et l'instinct des travailleurs. Ils verront le péril ou on le leur indiquera, et ils s'en détourneront pour suivre la route que leur auront tracée leurs véritables guides.

Tel est le sort réservé aux sociétés coopératives ; telle est la voie dans laquelle les travailleurs intelligents doivent se diriger s'ils veulent conquérir l'égalité sociale; tels sont aussi les écueils qu'ils doivent éviter. Mais il est inutile de se le dissimuler : si l'idée est grande et belle, l'exécution n'en est pas moins difficile, non pas tant à cause des obstacles matériels à vaincre qu'à cause de l'ignorance, qui cache à beaucoup d'ouvriers la vérité des choses, et leur fait voir souvent le contraire de ce qui leur est utile. Aussi, nous, qui croyons ne pas marcher à l'aventure, ne cesserons-nous de dire, que ceux des travailleurs et des ouvriers qui s'imaginent que l'État a été créé pour les aider et les secourir, ce qui encourage bien souvent la paresse et l'oisiveté et conduit à la misère, ne sont pas dignes de vivre dans une société bien établie; que ceux qui n'ont pas le courage de s'aider, ni le légitime orgueil de ne devoir aucune obligation à personne, n'ont jamais eu le sentiment vrai de la liberté, ni de l'égalité, ni de la justice, et ne peuvent servir que de vils instruments, bien loin de porter ce titre de travailleur qu'ils salissent, alors qu'ils ne sont que des stipendiés secrets, ou des individus sans foi ni honneur; et que le jour seulement où l'ouvrier aura acquis assez de discernement et de lumières pour comprendre que, s'il veut valoir autant que ceux au rang desquels il cherche à se placer dans la société par son intelligence et son travail, et s'il ne veut pas se voir reprocher son origine dans le cas où quelques-uns n'auraient pas su refuser une aumône étrangère et rejeter un patronage public, il ne doit être que le fils de ses œuvres; qu'enfin, s'il veut véritablement jouir un jour d'une manière ou d'une autre du fruit de son travail, il faut qu'il ne le doive qu'à ses propres efforts. Alors seulement l'affranchissement des ouvriers sera réalisé; alors seulement ils auront passé de l'état de salariés à celui d'associés libres, comme autrefois les esclaves passèrent à l'état de serfs, et les serfs à l'état de salariés libres.

Le moment est propice pour diriger les esprits vers cette transformation de l'état social. Déjà de toutes parts les partis sont à leur poste pour utiliser, suivant le besoin de leur cause, ce mouvement des esprits, cherchant à engager une lutte pacifique et intellectuelle, qui doit profiter à l'humanité tout entière. Nous aussi, qui sommes du parti de la vraie liberté, déployons notre drapeau, affirmons-nous ouvertement, sans crainte de montrer pour quelle cause nous combattons. Ce n'est pas le silence, du reste, qui nous donnerait gain de cause; il est un proverbe aussi vieux que le monde et éminemment vrai : — de la discussion jaillit la lumière, — mettons-le dès ce jour en pratique.

Imprimerie L. TOINON et Cᵉ, à Saint-Germain.